AF599801

A LO PLATÓN

Borja Sánchez Molina

Aliar ediciones

Corrección: Eladia Guerrero
Diseño de cubierta: Jaime Galisteo
Maquetación: Aliar Ediciones

Depósito Legal: GR 1318-2024
ISBN: 978-84-10374-67-6

Impreso en España

Edita
ALIAR Ediciones
www.aliarediciones.es
info@aliarediciones.es

A LO PLATÓN

Borja Sánchez Molina

Para ti, abuela

PRÓLOGO

Un soneto me manda hacer Violante
que en mi vida me he visto en tal aprieto...

Cambiemos el soneto por un prólogo, al señor Violante por Borja Sánchez Molina, y todo lo demás me vale...

Provengo de una generación que aprendió a leer poesía de memoria: de *Abenámar, Abenámar, moro de la morería* a los *Cien cañones por banda...* De *Verde que te quiero verde* a *Caminante no hay camino...*

Tuvo que ser en una etapa autodidacta posterior, gracias a la afición por los libros y por el teatro en particular, cuando descubrí la emoción y, sobre todo, la fuerza de la conjunción de palabras que forman un verso.

Pasan los años y uno siente que esa potencia se ha desvanecido, que los jóvenes prefieren los videojuegos o el «youtuberismo» que leer a Miguel Hernández, Quevedo, Celaya, Salinas o a Federico;

y que la poesía es cosa de gente mayor, o, como mucho, de aquellos que aún fraseamos las canciones de Sabina o Manolo García un segundo antes de que sean interpretadas.

Craso error el mío cuando en la última década, por la redacción empiezan a aparecer libros y más libros de poesía, descubriendo, no sin sorpresa, que la mayoría de los que firman esas publicaciones son jóvenes, gente como Borja Sánchez Molina que de repente y con apenas 18 años lanza su primera aventura literaria: *Incesable*; que no deja pasar el tiempo y alcanza la segunda con *24 sensaciones y una para ti*, y que si parpadeas ya tiene en marcha la tercera.

En *A lo Platón,* Borja vuelve a crecer, lo hace con los clásicos y sus dioses, con Roma y Grecia presentes, pero nuevamente cantando al amor más íntimo, muchas veces llano y siempre sincero como en «Primer beso».

Destaco de entre lo mucho y bueno de esta nueva batería de versos su capacidad para emocionar, objetivo fundamental de todo arte, y empiezo por «Ella», que abre esta serie; pero no me olvido de que es capaz de agitar la realidad y hasta las conciencias con poemas cortos como «Putas redes sociales», «Con ochenta años», «Platón» y algunos otros.

Y cierro con esas varias referencias a la labor del poeta, a la función que siempre desempeñaron para cambiar el mundo «desde una servilleta», para hacer latir un corazón con más fuerza de la habitual; y me quedo con una de las varias descripciones que hace en estas páginas de ese noble desempeño de poner las palabras en el mejor orden posible para volar y hacer volar:

«Antiguamente el poeta era el sabio
que todo sabía:
era el ginecólogo más buscado,
el mejor de los médicos
y el más sentido de los humanos.
Ahora, el poeta
es un loco que huye
de ginecólogos, médicos
y humanos».

Miguel Yeste Serrano,
periodista.

[I]

POR ARTE Y PINTURA

ELLA

Ella es la primera mirada al mundo,
el partido más largo del Bernabéu,
la falda más atrevida de Colón.
Ella son los rizos del cuento,
los ojos de las rotondas de Barcelona.
Ella es el poema sincero de Miguel Hernández,
los besos tiernos entre tanta guerra de fronteras.
Ella es la tregua;

es el paseo verde ante el abismo.
Ella es la curva más atrevida del Coliseo,
el mejor de los imperios
y los labios más carnosos de Venecia.
Ella es la mirada al frente,
la militancia de las pieles,
la ironía de la metáfora de amor.

Ella es la manta de enero,
los paisajes de Asturias,
el cielo bajado de Valencia
y las vistas más calientes de Sierra Nevada.

Ella es la pintura por excelencia de Malasaña,
el realismo de Dalí,
la pincelada desnuda de Goya.

Ella es el arte,
es la fiel costumbre vanguardista.
La que cambia la regla,
la que promete antologías de sexo y amor eterno.

Ella es la catedral más antigua de Toledo,
la que llena mi cuerpo de nostalgia.
Ella es el barrio más cargado del Barroco.
El más tranquilo de Bilbao.
El más bonito de Italia.
El más caliente de Madrid.

Ella son los sueños por cumplir.

Ella es el mundo
y yo solo uno de sus habitantes.

SIETE DE LA MAÑANA

Tentativa siete de la mañana,
verso libre, tu mirada en mi respiración,
tus manías en mis manos
y tu rima en mi espalda
después de una noche cargada de enigmas.

La almohada empapada de ti,
tu colonia tatuada en mi sien
y tu lógica
[busca mis pequeñas cosas]
esas que se pierden
cuando recorres mis triunfos y derrotas,
todas coloquiales
pero llenas de arcos triunfales.
Todo, todos los días.

LIBERTAD

[...] en la corona de los reyes
escribo tu nombre.
Paul Éluard

En la palma de mi mano,
en mi infancia con su rotulador plano,
en mi verdad más nítida
escribo tu nombre.

En mi pintura más real y otoñal,
en las miradas inocentes,
en la rutina del ayer y del hoy,
escribo tu nombre.

En el acierto de la mentira,
en la realidad del sueño,
en tus ojos nunca imitados,
escribo tu nombre.

En la ventana de la prisión,
en el desnudo ilegal,
en tu pecho prohibido,
escribo tu nombre.

En el cuaderno de tus memorias,
en la rosa del jardín placentero,

en la lluvia de Londres,
escribo tu nombre.

En la palabra *libertad*,
en el acento del corazón,
en las cartas hechas a mano,
escribo tu nombre.

En la Italia de Miguel Ángel,
en la línea del dibujo,
en la tierra de los jardines lejanos,
escribo tu nombre.

En la palabra del poeta,
en la magia de enero,
en la virtud del punto final,
escribo tu nombre.

En la luz del paisaje,
en el abismo del miedo,
en el sonido del pájaro libre,
escribo tu nombre.

En la esperanza por verte,
en la triste y dolorosa realidad del separo,
en los huesos tatuados a besos,
escribo tu nombre.

En los motivos del arte,
en la oscuridad del romanticismo,
en la tierna espina de la rosa,
escribo tu nombre.

En el reencuentro ansiado,
en el lugar donde habita tu latido,
en la militancia de tu cabello,
escribo tu nombre.

Y por el miedo al grito,
vuelvo a evocarte,
respirando para conocerte,
para rogarte y amarte y gritarte

libertad.

TU CAMA LENTA

Quiero que seas mi rosa y mi espina aunque me hagas daño.
Quiero ser tu carnaval, tus principios y tus finales.
Melendi

Siempre te he escuchado con mi corazón en la mano,
siempre me has sonreído ante la tempestad.
Has sacado en mí
el sol de agosto en febrero.

Siempre que has visto mi alma desnuda
entre visillos,
he querido ser tu cama lenta.
Ser tus días de las semanas,
tus momentos de estudios, bromas y enfados.
Ser tu fiel helado en verano
y tu fiel regalo en navidades.

Quiero ser tu cama lenta,
las sábanas de tu lecho de princesas Disney
para abrazarte
como la línea lo hace al dibujo.
Ser tu primera mirada al despertar
y tu última palabra al dormir.
Quiero ser tu verdad más traviesa,
tu manía más extraña,

tu beso más lento,
tu seguidor en tus tardes de derecho y economía.

Quiero ser tu motor,
la válvula que incite a tu corazón.
Tu cama lenta en las plazas más bonitas de España.
Tu escultura más admirada.
Tu arte,
quiero ser tu arte
para atraparte como dos miradas se atrapan
a medio camino.

Quiero ser tu cama lenta, ardiente,
tu paseo entre giraldas y Andalucía,
tu paseo levantino.
El lagarto que te hace reír.

Quiero ser la grandeza de tus apuntes,
la cena con velas,
la falda que te roce la piel.
La tirita que te esconda la herida.
El algodón para besarla.

Quiero ser tu cama lenta,
el principio de Érase una vez,
el final con moraleja.
Los aplausos de tus recitales.

Quiero ser tu tenue movimiento al andar,
tu abrazo más sincero.
Tu orgasmo más placentero. Quiero ser el muelle de tu cama.
Tu tímido peluche a la hora de dormir.

Tu cama lenta,
para dormirte entre chasquidos silenciosos.
Para escribirte en tus sueños.

Para ser tus sueños.
Tu cama lenta,
para acurrucarte.
Para que no haya un sin ti.
Para que tu cama huela a mí.

Quiero ser
tu cama lenta, lenta como una canción clásica,
como un final de un poema.

ME ENCANTAS

El rumor cíclico de la tarde suspira sobre mis sombras,
embaladas como planes en línea recta.
Hablan los fantasmas sobre nuestro romance
y el humo resuelve mis dudas.

No me encantas.
Mi sombra detesta y llama a mi pasado,
mientras los fantasmas
y tú
habláis de nuestro amor
[a lo Platón].

AUNQUE TÚ NO LO SEPAS

Y aunque tú no lo sepas, yo te he visto
cruzar la puerta sin decir que no,
pedirme un cenicero, curiosear los libros,
responder al deseo de mis labios
con tus labios de whisky,
seguir mis pasos hasta el dormitorio.
Luis García Montero

Hemos recaído en el azar del dado,
mientras nos besamos con los ojos entreabiertos,
mientras el frío nos detiene:
en cada cara de la moneda, donde el arte
brilla más por la inflación
que por la pintura y el museo.

Aunque tú no lo sepas, aún miro tu piel
como en el día donde pregunté tu nombre
y donde el azar
no asumió los temas que debería dar a mi pecho,
buscando las palabras encadenadas
que me llevaran a tu ciudad.
Aún escondo en mis manos los peluches que te di,
aún recuerdo nuestros paseos
o el momento donde miré tus fotografías
y el verano se hacía sangría o vermut,
en aquella piscina desorbitada donde no habitaba el olvido.

Como hemos cambiado,
quizás recaiga el peso del dólar
y ascienda el valor de tus labios
y la luna vuelva a oler a Granada
o a ti en la mañana del domingo,
cuando el despertador
escriba este poema de amor y el final que merece:
junto a postres
que te ansíen, que ansíes,
y desayunos constantes
que amenazan al poeta duro.

LA ARTISTA ESTÁ PRESENTE

Cuando te escribía poemas desnuda,
con tus senos y labios en el aire que respiro,
podría decir que sí, definitivamente:

la artista está presente.

AFRODITA Y ARES

En los diarios más oscuros de Esparta
grabé tu nombre.
En las armas más relucientes de Grecia
grabé tu nombre.
En las batallas más románticas de la *Odisea*
grabé tu nombre.

Grabé tu nombre en los cielos
más altos de la Hélade,
uní el placer de tu cabello recién levantado,
para enlazarme
con las guerras más épicas de tus piernas.
Grabé, grafiteando a lo callejero,
tu nombre
en el Partenón de Atenas;
donde tu corazón y tu cuerpo
hacen el amor conmigo —de fondo—.

Extrañé y extraño
los besos ilegales en el Olimpo;
además de tus risas
en el persistente juicio de Paris.
Ya ves, nuestro amor es imposible,
pero animal y clásico,
tanto que le damos sentido a Cupido y a los ateos.

Afrodita, odisea de mil campañas,
este pobre, este muerto de hambre de guerra,
quiere hacerte descubrir, a ti,
diosa del amor, el verdadero afecto en sombras
a lo griego.

TU MEDIA NARANJA

Me sincero ante tus dudas. Soy ateo.
No veo nada
que no sea tan real como tú.
Pero, amor,
el cuento de la media naranja
me lo creo.

Me lo creo
porque pones la misma cara cuando me ves
que yo cuando te veo.
Eres como
los mandamientos a seguir
un lunes por la mañana
y un domingo por la noche.
Eres la mitad de mí,
porque te escribo en mis mejores versos
y en mis mejores prosas.

Eres el pleno verbo ser.
Me pierdo entre ti;
como dos pájaros se pierden
en un nido nuevo.

Me creo todos los cuentos chinos
que me cuenten sobre ti.

Me lo creo
porque despiertas en mí
algo que ninguna
alarma aterciopelada puede hacer.
Me lo creo,
porque en el mismo reflejo de tu sonrisa
veo la mía.
Porque tus ojos
reflejan
todo lo que ansío ver.

Y ante tanto mito de héroes,
de princesas y de gigantes,
me quedo con la realidad de la mitad
que defiendes.

Me sincero ante tus dudas.

Te busqué siempre.
Y ahora, en tu misma cama,
en el lugar donde
navegas y navegas,
me suelo acordar de aquellos cabrones
que nos separaron.

Que se jodan.
Jodeos, dioses.

Hoy en día,
solo tenéis el poder de ver
a dos enamorados
besándose como animales en celo.
Besándose
en los lugares más prohibidos del Olimpo.

NO ESTÁ MAL

Cuando me besas despacio,
mirándome nerviosa
y te acuerdas de todos nuestros planes.

Oye,
no está mal.

El deseo es uno de los componentes del apetito.
Aristóteles.

I. CUANDO TU ROSTRO...

Cuando tu rostro melancólicamente colorado
me mira,
así como si tuviera el poder
de amarme por sí solo,
mi deseo más puro aprende los hábitos
más necios
que una noche pueda apreciar al verte desnuda.
Aprende, por ejemplo,
a contar a rienda suelta los segundos
que permanece dentro de ti.
Aprende a amarte sin reparo
por las grandes calles de tu ciudad.
A escribirte
en las plazas más eróticas de España.
A mirarte
con apetito. Con ganas.

Cuando tu rostro...

II. EL DESEO QUE...

El deseo que juraste en todo mi cuerpo
hoy anida en mi estómago
y arremete con ganas
una búsqueda incesante de tus manías
en un lienzo imaginario.
El deseo que juraste en todo mi cuerpo
tiene el poder de enseñarme a besos nocturnos,
iluminados,
la salida de la caverna de Platón.
Llevo dos días en el mundo de tus ideas:
qué bueno es el sabor que deja
el apetito del deseo.

III. TU VIENTRE, TU CUERPO

Tu vientre, tu cuerpo,
hoy saben a filosofía:
buscan preguntas y respuestas
a estas ganas tontas
que me llaman a encontrarte
y desearte
todos los días de mi vida.

IV. TE VEO Y...

Te veo y veo reflejado tu apetito,
tu hambre,
que me amenaza y amenaza,
sacándome
una sonrisa contradictoria
y nerviosa.

Te veo y veo tu deseo
a carne viva,
completando mi media figura.

V. HABLAS DE DESEO...

Hablas de deseo,
mientras mis labios
[esos que rompen la regla]
ni te dejan respirar.

LA VERDAD DE LAS FICCIONES

Nunca tuvieron las miradas
tanto amor a la vida.
Luis García Montero

Tenue, como la línea que separa la realidad
de la ficción,
juego a entonar mis ojos al matiz del vaso borroso
de café de bar de barrio
en busca de tus huellas de pintalabios oscuro.
La mañana seca y fresca
me mira desde el cristal de dicho cafetín,
apreciando la incredulidad de mis actos
ante el afecto y ganas que te conservo día tras día.
Otro día sin ti
aparece en el periódico diario
que esconde
tu rostro de nuevo.

Las canciones saben a ti
y el camino hacia la rutina me desprende del bar
y me lanza hacia la amargura
de verte de lejos, contenida, esta vez,
como ave de paso
que tatuó sus patas a base
de amor, placer
y emotivos besos, por los que sigo obsesionado

y que imagino
hasta en las esquinas más profundas.

Contemplo la mañana como a diario
y son tus huellas las que me paran, agarradas,
desde el día que paseábamos juntos,
desde que recorrimos la avenida, rompiendo
tus labios en vasos prohibidos,
que día a día
he bebido mientras nuestras miradas hablaban
como la lluvia
a los cristales recién limpiados.
Testigo de mi valentía,
apago mi alma para darme mi virgen atisbo
y acabar vacío
porque tu vientre se llena de mí.

Tenue, como la línea que nos separa,
como el vacío espacio entre tus ojos y los míos,
acojo un nuevo día en el sofá
que compartimos, con la fiel y amada
esperanza de que vuelvas
como un gorrión en sobre a un nido en buzón.

POR ARTE Y PINTURA

Por arte te quiero
y por pintura te imagino.

ACADEMIA

Y allí empezó Platón
a impartir clase.
González Iglesias

En la gran Atenas antigua,
donde el arte
era el desnudo heroico de una mujer;
hoy vuelvo a hacerte
pintura
para inmortalizarte en un mundo efímero.
Allí empezó Platón a impartir clase,
hablando de un amor idealizado
—como mis poemas—
escrito a besos en una de esas aulas antiguas.
Se hablaba
por primera vez de la palabra *academia*
y el punto de partida
empezaba en la sonrisa que ya cosías por esa época.

La imagen del amor
ya era tuya, cuando mirabas los templos,
cuando el mundo, arcaico,
ya te miraba como si todo existiera,
como si
tus audios ya forjaran una nueva religión.

El amor te quería por arte
y te imaginaba
[por pintura].

Platón ya daba clases cuando escribió
la tontuna de la doble mitad,
a lo mejor
vio en la palma de tu mano
algo más
que una nueva lección que dar.

Desde entonces,
han pasado tantos siglos
como vivencias
han rozado la palma de tu mano.
Desde entonces,
el arte y la pintura
me llaman
para escribirte, anhelarte
y desearte
como dos líneas paralelas se desean
en el máximo secretismo
que cualquier tipo de templo puede
honrar.

[...]

En la gran Atenas antigua,
donde el arte
era el desnudo heroico de una mujer;
hoy vuelvo a hacerte
pintura
para inmortalizarte en un mundo efímero.

ROMA

Si todos los caminos llevan a Roma,
¿por qué mi habitación
no me lleva a la puerta de la tuya?

CARAVAGGIO

Quiero hacerte el amor
en uno de esos templos griegos,
en el de Atenea,
para que vea que solo existe una mujer.
Quiero casarme con tus diablos
personales,
robarte la poca timidez que te queda:
ser tu santo cuando tú
quieras ser devota.

Quiero hacerte el amor
en uno de esos cuadros religiosos,
bautizarte como mi diamante ardiente
y que sea
tu tenebrismo a lo único que debemos
temer.

Quiero hacerte el amor
y dibujarte como la Virgen de las virtudes,
con tus uñas pintadas de azul,
y firmarlo como Caravaggio.

SI PUDIERA BESARTE

Si pudiera decirte que te quiero.
Francisco Jiménez Carretero

Et besaria lentament,
et soltaria els cabells,
t'acariciaria els muscles, t'agafaria el cap
per a besar-tedolçament, estimada meua.
Vicent Andrés Estellés

Si pudiera besarte;
te besaría lentamente,
tan lento que volarías
cuando
te soltaran las alas
de lunes a domingos.
Si pudiera besarte, quererte.
Si pudiera decirte que te quiero
la delgada línea que separa tus calles
de las mías
sería tan solo
el reflejo olvidado
de habitaciones separadas.

Si pudiera decirte que te quiero,
la luna pediría a gritos tu mensaje de contestador

y tu ciudad se haría ginebra verde esperanza
dentro de ti.

Si pudiera decirte que te quiero,
si la memoria no alcanzara su recuerdo,
besarías la realidad del momento
y abrirías, sin miedo, claro,
las puertas más grandes del desenfreno.

Si pudiera decirte que te quiero.
las paredes que envuelven mi corazón
serían una camiseta desabrochada
con tu nombre bordado, con tu aliento
en cada botón.

Si pudiera decirte que te quiero,
el surrealismo sería el paisaje más real de nuestras caricias
y la vida terminaría donde acaban los cristianos.

Si pudiera decirte que te quiero,
mi piel sería tan libre
como lo es
un té para un inglés.

Si pudiera decirte que te quiero,
si pudiera cantarlo,
si pudiera gritarlo entre la multitud
mientras hallo tu cuerpo,

sería como una égloga llena de ironía
entre pastores y pastoras.

Si pudiera decirte que quiero
acabaría
por decirte te quiero.

TU VIENTRE

Menos tu vientre
todo es oscuro,
menos tu vientre
claro y profundo.
Miguel Hernández

En un mundo que tembló por un tal Bin Laden
o que parece que moría por un virus
o por la terrible división entre rojos y azules.
Yo, escribiendo con la mera realidad,
borro todo de mi libreta, menos tu vientre.

Son muchos los años que desnudo la misma blusa
y he cambiado mis poemas,
mis gustos musicales, mi forma de ver la vida.
Todo cambió, menos tu vientre.

Tu vientre sigue testigo del telediario semanal;
testigo de ver pasar el tiempo
y de seguir siendo el abrazo de enero, caliente,
distinto. Tu vientre sigue siendo
ese centro desde donde parte el universo,
donde parto yo cada fin de semana.
Un rojo escribió una locura para un azul;
el vientre es claro y profundo,

yo, loco, enamorado de tu interior,
escribo y escribo;

tu vientre yace en la verdad del origen,
ha cerrado la boca de la ciencia y la Biblia,
escribe su propia historia
en cada respiración y el mundo lo sigue,
te sigue, envidioso, como peón,
en un ajedrez que la luna juega como reina
y tú, tú y tu vientre, es el tablero titular.
El tablero de una nueva visión que me despierta;

dos guerras mundiales,
veinte Gran hermanos en nuestro país,
ganas de revancha en la civil,
todo es oscuro. Todo, menos tu vientre.
Amnistías que no gustan,

canciones que dicen que sobra el amor,
poetas que no se leen
y cuentos que son realidades.
Nublado está el mundo,
nublado todo, menos tu vientre.

Son muchos los años que desnudo la misma blusa,
he versionado mis mejores poemas
todos estos años y han cambiado, son peores,

pero sigo manteniendo eso de que
tu vientre es una bandera hacia la estrellada vida,
hacia lo que nunca muere
y resiste con el puño izquierdo levantado.

[II]

DE CUBATAS CON LOS DIOSES

SACRIFICIO

Traedme al dios de la guerra.

Ares, Marte,
te invito a un ron-cola
y estate quieto;
que ardan nuestras gargantas.

Y no la tierra.

CRONOS

Para ti, abuela

Maldigo todos los minutos que pasan:
nunca los volveré a tener.
Imagino las veces
que perdí el tiempo y bebo.
Bebo aguarrás
para borrar todos los tragos que quiero olvidar.
El tiempo pasa y se olvida.
Y me pregunto:

tú, ¿me olvidarás?

...

Te pregunto
por partirle la cara a Cronos
o salvarlo por la pena.

ZEUS

Entra el pez gordo y todos callan.

Nunca te ha mirado nadie como lo hago;
subiéndome
a un taburete para igualarte.
No estoy enamorado de Grecia,
tal vez soy un ateo que busca un beso
del cielo.
No te voy a sonreír.

Quiero decirle
que hace frío debajo del Olimpo,
que las pandemias tapan sonrisas
y que las miradas a veces se queman más de la cuenta.
No, no todo es tan bonito,
el arte duerme,
la pintura calla llorando.
¿Dónde estás?
Acabas donde naces
y pienso:

ves muertes, sufrimiento.
Y no haces nada.
Y no hablas. Callas y callas.
Yo no te voto más.

Se acabó
tu legislatura en el silencio,
hoy acaba
el miedo en casa. El miedo prudente.

Quiero decirle
que el mundo original nace
y muere
y vuelve a nacer.
Que existe el amor.
Que hay personas
que viven endiosadas, por magia,
por los susurros
de primavera que anidan en sus interiores.

Quiero decirle
que haríamos el doble de veces
el amor
antes que la guerra.
Que viviríamos libres. Sin mitades.
Y que nadie
nos mandaría callar
en la época de las
Tecnologías de la Información y de la Comunicación.
[Deseos ignorados].

También, decirle
que paga
usted las cervezas.
[...]
Ahora, está más atento.

DOS MUNDOS

No te quejes si ando hablando con los dioses.

Existen dos mundos:
el de los dioses
y el de los humanos,
lo único que los une
es la esperanza
de versos y canciones.

Existen dos mundos:
el de los dioses
y el de los humanos,
aunque a veces con un cubata y medio
el mundo vea a Zeus
haciéndose un selfi
con el nuevo presidente del Gobierno.

Existen dos mundos:
el de los dioses
y el de los humanos.
En este habitamos
7.888 miles de millones de bacterias,
y de esas, 8 miles de millones
se miran como preguntando: merezco algo mejor
que este nuevo iPhone.

PERSEO Y MEDUSA

Tristes hombres si no mueren de amores.
Miguel Hernández

Tristes. Tristes son los poderosos.
Tristes,
lloronas son las guerras.
Andamos hoy en un campo soleado
de muertos lluviosos,
que caen,
que caen como gota en jarrón ya mojado.
Tristes. Tristes son los poderosos;
los que mandan lloviznas a nuestros rincones
de besos, abrazos
y otros poemas mal dichos.
Tristes.

Tristes es hacer frente al telediario,
con un ojo cerrado y otro abierto para ver la solemnidad,
el corre que te pillo
entre la violencia y nosotros, personas
apagadas entre tanto poder,
entre tanto universo, que nos busca perdidos.
El pasaje llora como un niño sin comida
y entre ruegos, fulgor apagado,
acabamos como empezamos:
vacíos.

El pasaje triste, llora,
tiene miedo. Miedo al sonido de la muerte invisible,
al mal matar de la guerra
en nuestra tierra, al poder, al triste poder.
Tristes los poderosos.

Entre medusas sin sentido ni culpa,
cuadernos de Perseo,
movimiento injusto en nicho vacío;
apeno el morir,
el final de nosotros:
de los besos sin espuma,
de los abrazos medidos y desmedidos,
de habitaciones separadas y del amor.
Apeno el fin del amor ante tanta guerra.

Ante el triste poder,
mandando,
atribuido a sangre, alcohol y vino barato
que nos quiere ebriar,
como las miradas de Cupido
y los saltos
al final del túnel.

Triste.
Tristes los poderosos.

Tristes nosotros
entre cuentos de príncipe salva a princesas,
entre apagones
en plena era de calor y luz.
Entre bastidores y muertes en ellos.
Entre miedo.
Triste.
Triste entre música, sexo, internet y películas.
Triste.
Triste estamos.
Triste nosotros
que miramos lo que no tenemos.
Triste.

Últimamente, estamos tristes.

PROBLEMA

El problema es cuando el Minotauro
es el dios
que busca hervirnos en el laberinto
de la cruel ignorancia.

APOLO

Hoy me he mirado al espejo.
No quiero hacerlo más,
no me gusto.
No me necesito en esta piel
que hoy muere y encadena mi alma.
Mis manos arrugadas
no arrastran la solicitud de un lápiz
con la llegada
de un poema más vistoso.
Mis ojos
sienten la envidia de la inmortalidad
y la palabra «sempiterno»
ahora es el desgastado eco
de un diccionario mal usado.

Las lágrimas vuelven a recorrer mi hastiada mejilla
y la sal de la verdad cura mis heridas más grecorromanas.

Se acabó, supongo,
eso de ir cabalgando frente a la espada y la pared.
Parece que acabaron
los días de niños enfrente de los bancos más antiguos
de la Grecia clásica.
Se terminó lo de buscar a migas de pan
una inmortalidad,
que hoy, entre cervezas,

lamento y apeno desde el peor de mis sentidos.
Ante mis peores enemigos.

Y el miedo llena mi cuerpo
de poeta endeble
y las virtudes me escriben
en un correo electrónico ausente,
apagado,
que busca su consuelo
y que no aprende.
Estoy solo, inestable, ahogado en un mar
que me atrapa
con la condición del aburrimiento en la puerta
de aquella esquina de bar.

El espejo no me mira.
Me cansa verme cada cinco minutos
y no encontrarme.
Y supongo que alejado en mí,
mi corazón es más guapo
y en un perfil derecho
se quiere;

o se mima a sí mismo,
tal como los gatos se besan
su propia herida.

A lo mejor, comprendiendo
a Apolo y a Cirene,
hoy no me quiero.
Hoy no me visto de negro
para casarme con todo el blanco que roce
a esta viuda
en pleno apuro

y le enseñe
que un corazón atractivo esconde
tal belleza que eclipsa el mundo
y le da sentido a la mortalidad.

Que a veces mola.

EL POETA

Antiguamente el poeta era el sabio
que todo sabía:
era el ginecólogo más buscado,
el mejor de los médicos
y el más sentido de los humanos.

Ahora, el poeta
es un loco que huye de ginecólogos, médicos
y humanos.

REY HARLEM

¡Ay, Harlem! ¡Ay, Harlem! ¡Ay, Harlem!
Federico García Lorca

La sangre enumera
mis bloqueos como poeta,
como fiel adepto
de una verdad universal.
La sangre es hoy la primera protagonista de un teatro
que clava el telón en la espalda.

Cuenta los escritos que lo mataron,
que en su tumba se cavaron
las peores órdenes del mundo oriental
y ahora, ahora
el mundo oscila entre el amor
y la vergüenza
por su existencia. Ya no quedan odas,
ni elegías que borren
su espalda tatuada a hierro ardiente.
Hoy solo quedan murmullos,
donde habitaba la vida;
donde no cabía la palabra *óbito*.

Lo mataron, como a muchos de su etnia,
decían que eran azules,
pero su sangre era pura, era limpia,

y las calles de Nueva York
ya no son lo que eran.
Ahora vacías, gritan, unidas:

bienaventurados los poetas azules,
los negros y los blancos.

La pluma pesa más que el buitre,
la paloma pesa más que el tigre. Hemos roto la lógica del mercado;

¡Ay, Harlem! ¡Ay, Harlem! ¡Ay, Harlem!

[III]

UN VERANO EN TU DIARIO

MUJER ITALIA

Me has mirado a los ojos con los ojos cansados de tanta paz.
Has subido el volumen de un Vivaldi comprado para soñar.
Javier Egea

Mujer Italia no solo es el arte
más misterioso de Europa,
ni tampoco los paisajes más calurosos
por las grandes calles de Roma.
Mujer Italia es la que te mira a los ojos
y compra lo nuevo de Vivaldi,
para esculpirte, como la naturaleza
esculpe a los olivos en cada otoño.
Mujer Italia nunca rompe, construye,
por ello Florencia hoy puede hablar de manera solitaria.
Pues Mujer Italia
tiene las vistas más cuidadosas y silenciosas
de la ópera antigua.

Mujer Italia come igual que habla,
es un desastre
entre carbonara y *pizzas*, pero una adicción
en las largas tardes de vino y de comedias
que ni Dante comprende.
Mujer Italia besa antes de tocar
y enciende,
con sus manos pequeñas e inestables,

las mejores
luces de Venecia.
Mujer Italia,
mujer de mundo, que carburas,
como el Duomo
lo hace entre tanto turista.

Mujer Italia,
me has mirado a los ojos
como queriendo
abrir en ellos una puerta a las grandes galerías,
a los grandes espacios,
donde Italia,
ante ti, es solo un seguidor más.

Mujer Italia, mujer de largas piernas:
te pido callar
para besar. Para besar con fuerzas,
esas que gastas
cuando el gallo suena a las seis de la mañana
y tuerces un poco más hacia tu lado
la Torre de Pisa.

Mujer Italia es la que te mira a los ojos
y compra lo nuevo de Vivaldi,
para preparar un verano con diario
y mucha pero mucha
armonía.

VALENCIA, MESTALLA Y ELLA

Agua limpia, Madrid, para tus ojos limpios.
Luis García Montero

Agua limpia, Valencia, para tus ojos limpios,
en busca de la brillantez del universo. Tan parvo ahora.
Parece que el mundo se comprende en un eje
cuando la gracia y la poesía se hace sangría con hielo
de lunes a veranos. De domingos a inviernos.
Parece que el mundo se derrite por las calles de Turia
y las terrazas de bares
se recogen en orden para dejar el paso a la quimera realidad.

Cielo naranja, Valencia, para tu luz de cintura,
la que duerme despierta.
La que te ilumina en tus días de tormenta.
Parece que Mestalla te mira a los ojos
y que tú, de una y desnuda,
le sigues la cara sin perderle un vistazo a su mitad.

Lecho ocupado, Valencia, para tus besos de medianoche
y tus miradas que devoran, que enamoran
hasta las grandes esquinas de *carrer* Colón,
hasta las olas
que culminan y rompen en tu vientre.

Agua limpia, Valencia, para tus ojos limpios,
cielo naranja, Valencia, para tu luz de cintura,
lecho ocupado, Valencia, para tus besos de medianoche.
Valencia, Mestalla y ella.

MADRID, MADRID, MADRID

Te llevaste una parte de la ciudad. No encuentro mi lugar.
Madrid, Madrid, Madrid.
Dani Martín

El fin de semana se ha acabado, te has ido.
Has marchado como se marcha el lápiz en tu diario.
En este momento,
te has llevado una parte de Madrid.
Ahora el lunes
camina sin ilusión por la Gran Vía
y el Museo del Prado
habla más por solitario que por arte.
Y es que te has ido;

da la sensación de que la estatua de Lorca
habla como pidiéndote
y el parque El Retiro está algo más retirado de tu mirada.

Te llevaste una parte de Madrid
y ahora te imagino como Reina imagina a Sofía
o como la Puerta de Alcalá tararea
su canción.
Imagino que después de ti no hay nada,
pues el Palacio de Cristal
hoy se viste de espejo vidriado que tropieza
en cada anochecer.

El callao casca más que nunca
y el suelo de Madrid
huele a derrota, más que a victoria épica
en el tiempo de descuento.

Supongo que nos quedará un nuevo paseo por dar,
un nuevo beso que imitar,
una nueva caricia por la Casa de Campo.
Supongo que en tu preguntona vuelta a casa,
te traigas la mitad de Madrid;

el mundo no sabe funcionar con seis uvas,
como tampoco la ciudad
sabe sonreír con solo una maja de museo.

Parece que la naranja
no sabe vivir sin su media.
Qué complicado el olvido
cuando en cada mañana,
en cada puesta de sol, el mundo
por su condición de mundo
me recuerda que seis horas se las llevó
tu ausencia. Y las otras tu presencia.

Te llevaste una parte de la ciudad.
No encuentro mi lugar.

Madrid, Madrid, Madrid.

[IV]

OTRA SENTIMENTALIDAD

OTRA SENTIMENTALIDAD

Luis García Montero, Javier Egea y Álvaro Salvador
crearon la otra sentimentalidad
en los ochenta. Tenían razón.
Parece que el mundo aún
necesita otros sentimientos.

Parece que el mundo necesita
a otro que lo corrija
y le enseñe a dejar
de gatear, para poder andar.

Parece que el mundo
necesita algo de realismo
y dejarse de tanta metáfora
que lo engaña y esconde.

Cuando la poesía responde a un canon
la poesía
avanza ciegamente hacia su final, que nunca llegará.

CON OCHENTA AÑOS

Por desgracia esto va así,
un día
recorres tu propio cuerpo.
Al otro,
con ochenta años,
te estás cagando en él.

Y él
te arrastra del salón a la habitación
riéndose de ti.

OTRA CIUDAD

No somos de una sola ciudad.
De repente,
tus huellas tocan una nueva costumbre,
tu paladar una nueva comida,
tus ganas unos nuevos deseos de mar.
Navegas
nuevos parques,
nuevas tiendas.
Nuevos días festivos.
Y no te olvidas de tus raíces;
simplemente
plantas otro árbol.

EL MACHISMO SÍ EXISTE

Cuando veo a dos imbéciles
gritar eso de que el machismo no existe,

me imagino a esas niñas
que pierden su clítoris solo por ser
futuras mujeres.

KARMELO IRIBARREN

No insulten a Karmelo Iribarren,
no insulten al realismo sucio.
Echadle huevos. Miraos a la cara
e insultar
a la realidad por ser tan sucia.

PUTAS REDES SOCIALES

Qué cansado estoy de los *post* y *repost*,
de las fotos de paisajes únicos,
de pirámides, de mierdas de luz y playa:

mirad por la ventana
y celebrad que estáis vivos.

OTRA VEZ MACARRONES

Te despiertas, te tomas
las dos mismas galletas de siempre,
dos minutos más en la cama,
el mismo olor de siempre:

escribo si la musa quiere,
si no diez minutos más en el sofá.
Me levanto,
me visto con la misma ropa de siempre.
A clases, al trabajo
y una cerveza si me porto bien.

Llego a casa
y otra vez macarrones.

MADUREZ ADELANTADA

A mí mismo

Ay, amigo,
cuando empiezas a contar
los dígitos de la tarjeta de crédito,
te das cuenta
de que ese niño infantil poco a poco
muere entre los primeros poemas
que hizo.

—Ya cuando te picas a cerveza
y poemas sencillos—

ni te cuento.

VERANO

Somos de las personas verano;
esas que sin esmero
nos aguantan dos meses,
en los que no hacemos nada.

PLATÓN

Cuando estoy mal pienso
en la cara que pondría Platón
al ver este mundo;
una realidad copiada,
llena de imitaciones y top manta.

LA RUTINA DE LAS CALLES

Odio madrugar,
me levanto a las nueve y media de la mañana,
caliento la leche,
me visto,
me miro al espejo sin conocerme
como debería.
Salgo de casa,
me encuentro a un par de vecinos,
los saludo.
A veces los miro
y otras veces adelanto mis pasos hacia
la puerta de salida
o de emergencia
cuando huyo de tanta humanidad.

Es salir a la calle y emborracharme
de tanta usanza,
la lluvia dejó el mismo olor que ayer.
La calle Lepanto
sigue con dos bares como ayer
y los vehículos
transitan, sin objetivo,
entre los pasos de peatones
igual de manchados
que ayer.

Es entrar al supermercado
y firmo la sentencia de muerte
entre mis días y mis ganas;
mismas ofertas,
mismas marcas,
mismos gritos.

El mundo carece de ritmo,
conozco las mismas calles todos los días
de todos los años,
las novedades
se cuentan en poemas y las costumbres
en personas.

Y el miedo es el mismo,
el cielo es el mismo.
Y entre tanto aburrimiento,

nos crecen los enanos
y julio se hace jengibre
y diciembre
vino barato.

La poesía de las calles
está cansando
a un aprendiz de poeta.

SOBRE LA FRASE DE LORCA

El que quiere arañar la luna, se arañará el corazón.
Federico García Lorca

Ahora entiendo por qué hay corazones
que iluminan
y otros a los que no llegas
en la vida.

A LAS ESTATUAS DE LOS DIOSES

Hoy yacéis, mutiladas y oscuras,
entre los grises jardines de las ciudades.
Luis Cernuda a Federico García Lorca

En el pecado de los impíos,
un día yacieron las cabezas de las diosas griegas
que acariciaban a los poetas
en los días de barro
e inspiración rota, mansa sabiduría
entre tanto impostor lírico.

Parece que el mundo
dejó de serlo en la instantánea donde Atenea,
mutilada, pedía una nueva ofrenda,
una nueva ruina
que alimentara su ansia.
Atenea mendigaba caricias, atención.

El jardín del poeta susurraba,
callaba. Pecaba.
Los poetas no somos lo que éramos
y las flores
se decían a sí mismas marchitas:

que vuelva la inocencia del mundo,
los pecados.

Los grandes poetas.
Que vuelva la ignorancia;
las mujeres que quieren ser como ella
y los hombres
que se masturban entre tanto cuerpo a mármol.

Atenea acaricia de nuevo
el rostro del poeta solitario, fusilado,
perdiendo su magia.
El poeta más pecador que nunca,
más acrónimo
desde la vergüenza y la decepción,
despertó.
Las cabezas de las diosas griegas se movieron
y la tierra tembló.

Las enterró en el jardín del poeta,
hasta que otro
las imprima en letras
y vuelvan a despertar,
para luego morir, para luego ser
[mortales].

OTRO MÁS EN LA LISTA

Como éramos pocos,
parió la abuela.
Ahora soy otro poeta de bar:
de café, cerveza
y para el amor *whisky* del barato.
Me falta la voz ronca
e irme por la edad a las doce,
como las princesas.

Y tengo casi veintiuno,
miedo da
cuando con sesenta y pico
beba y fume hasta los recursos que caracterizan mis poemas.

Ya ves, querido lector,
huyo de la norma
para escribir lo que sienta.

Y ahora, solo siento
pegarle una hostia a la poesía
de verdad,
mientras recito a Machado
y escribo como quiero.

Donde tú ves una cerveza con hielo
yo veo otro poema a mis espaldas.

CAVERNA

En días como hoy pienso
en el puto momento en el que Platón
dejó salir a gente de la caverna.

Con lo fresquito que se debe estar.

MUCHACHA DE DOCE DE LA MAÑANA

Simplemente he pensado
que te lo debía
contar,
cabrón.
Charles Bukowski

A cuarenta grados a la sombra
siempre está con sus dos bolsas de la compra,
cargada, sola,
como pidiendo ayuda.
Y el mundo la mira.
No se detiene. El tráfico persiste
por todas las carreteras
de la ciudad, sin fin, sin objetivo alguno.

Entre las ventanillas se ven los rostros
percatados de la gente:
un día normal entre la sociedad del momento.

Mi máquina de escribir hoy también navega
entre los vehículos
sin hacer un poema que perdure,
como la imagen
de las doce de la mañana.

Y yo me quedo como en una instantánea
sin avisar,
resumido en una vista sin vida.

Simplemente he pensado
que te lo debía contar, cabrón.

CAMBIAR EL MUNDO

Ojalá cambiar el mundo
con un poema
en una servilleta.

TRES DÍAS AL AÑO

Sopa, fideos concretamente.
Silencio en toda la casa,
mientras que un golpe seco con la cuchara
abre caminos.

Hoy me han dado las notas.

RESPECTO AL GUERNICA DE PICASSO

Se escuchan bomberos al frente,
el ocaso dibuja un águila con las cenizas del adiós
y el miedo destaca por encima
de aquella bandera que este pueblo debe defender.
La mujer levanta a su hijo muerto con sus manos,
la sangre desconcierta el brazo de la madre
y el niño se quedó sin fuerzas para llorar. Para llorar.
La madre llora lágrimas
y el mercado revela los dolores de la guerra.
Aquel padre mira a su mujer y a su hija
muertas, sin vida,
mientras esquiva las lágrimas de su vecina.
Ella ha perdido a su hija de dos meses,
en aquel instante donde iba a darle pecho como cada día.

Este horror se llama guerra,
intenta explicar un campesino a un alemán que la desea,
cuando este da un paso hacia detrás
al ver a aquel joven agonizando
con sus extremidades quemadas,
arrastrándose por la plaza.
Desde la ventana,
la joven comprueba la presencia de su familia,
mientras aquel niño de un año y medio,
como si de conciencia gozase, llora a pleno pulmón.

No ocurre nada,
mientras la joven acurruca a su hermano
en la cama de su abuelo.
Su abuelo, el único fallecido
tras ir a por nueces secas al mercado para su nieto.

Y el color acaba de irse
cuando el legionario sonríe en aquella postal de fondo.
No existe esperanza,
el grito del pueblo gime como los caballos,
al intentar seguir con sus vidas.
Sangre, aquella mula solo escupe sangre.
El pastor llora ante sus ovejas
y el zapatero llora ante la suela de sus pies descalzos.

La hora es relativa,
pero el suceso llega hasta esa mujer coja,
de noventa años,
que sufre Alzheimer en el pueblo de al lado.

Los vivos quieren morir,
los muertos quieren levantarse ante el grafiti de la derecha
y las seiscientas almas corearon entre la multitud.

Un encargo, un taller lleno de paquetes de tabaco
y un mural que algunos llaman Guernica
y otros justicia.

Para que digas que es un cuadro,
para que olvides la memoria de tu país
y las huellas del pasado.

Guernica,
pobre Guernica.

CONDICIÓN BÁSICA

Si el poema no surge
con el casco y la lanza de Minerva
—es decir guerreando
y con la cabeza clara—.
Martínez Sarrión

Un poeta es poeta sin condiciones, supongo.
Pero a veces, al sentarte para hacerlo,
te tienes que sentir como un torero que sale al ruedo,
con un casco
de los de Minerva, de los que no se venden,
y mirar a la cara al poema
como si mirases
a la certeza más real del mundo.
Mirarlo con el respeto
más limpio posible y tratarlo de usted,
cuando las letras amenacen con tu estabilidad
o cuando tenga el poder
de manejar tu mano en una noche de desenfreno.

La condición básica de un poema
es acariciar su tronco hasta darle
el suficiente placer para llegar
al verso suelto y libre,
donde los poetas se dan a conocer.

Y todo en una cama íntima,
hasta que el corazón del poema te grite
para que le dé la luz
mínimo ocho horas al día.
Ahí, te pones el casco de Minerva
y emulas
la opinión de los demás,
para hacerte libre
y feliz,
porque la vida solo así tiene sentido.

ENHEDUANNA

Enheduanna, la primera poetisa de la historia.

No quiero sexualizarte,
pero tienes unos buenos ovarios;

al empezar un talento
que pocas personas tienen
y muchas mujeres callan.

MUERTE

Te quieres comer la vida
y abres los ojos, de una forma nueva
y ves a la muerte
como un animal de compañía,
doméstico,
que no ladra, pero muerde.

Y vienes de la universidad,
miras honestamente las noticias
y ves
una mesa que pide a gritos acompañantes,
un sillón de más,
un plato de más.
Y tienes que sonreír al espejo
cuando ves una toalla más
y la muerte se ríe en tu cara penosa

que te deja huérfano,
que te deja sin mujer, sin hijos. Sin hermanos.
Y la muerte se ríe

y tú,
tú solo debes darle de comer.
Porque no hay otra.

GEORGE FLOYD

El veinticinco de mayo de 2020 mataron
a un hombre negro, por ser negro.
Y la gente se hinchó a hacer homenajes
por redes sociales,
por eventos deportivos.
Por poesía.

Todo pa' na',
el racismo sigue matando
y tú sigues
jugando con tu nuevo móvil.
Tú sigues desayunando,
comiendo, cenando.
Trabajando.
Estudiando.
La gente te respeta.

Tú sigues ahí,
inmutado, corriéndote cuando quieres,
tragando cuando te apetece.
Tú sigues ahí.

Pero ¿y si fueras negro?

NO HARÉ UNA NOVELA

No, no haré una novela;
no me obligaré a escribirla.
Y tal vez lleves razón
cuando hablas de que un poeta
nunca comerá
de sus métricas.
Y me da igual. Soy poeta
—o lo intento ser—
de la misma forma
en la que un animal es un animal.

Y así es la letra de mi vida,
apesto a poesía de izquierdas
y huyo de la literatura como negocio
de peces
en un mar lleno de ellos.

Mis poemas no son para vivir,
lo son para
sobrevivir, para hacerlo de verdad.

No haré una novela;
y si tú no me quieres leer, pues no me leas.

[V]

AMOR DE CAVERNA

PRIMER BESO

Ella se me acercó.
Menos mal, porque si lo tengo que hacer yo
quizás aún estaría más virgen que María.
Melendi

El amor es muy macabro al principio.
El primer beso
es como la primera hostia de realidad.
Paras en cien portales,
paseas de la mano como el niño inocente que eres
y desabrochas dos botones,
si sabes, claro.
Y te sientes importante,
acabas
en tu casa pensativo mirando el techo
de tu habitación infantil.

Y eres un hombre,
piensas en renovar tu habitación,
en quitar
todos los pósteres de fútbol,
todos los peluches,
y acabas deseando volver.
Como los tontos.

Volver a desabrochar dos botones
en cuatro horas.

Así es el primer beso,
y lo demás,
películas que nunca pasan.

COMO UNA CERVEZA FRÍA

La suculenta cerveza de los jueves a la tarde
tiene lo mismo que tú:

un sabor homicida
y una adicción sin patentar.

UN DÍA CUALQUIERA DE LLUVIA

Tras la tormenta dicen que llega la calma
y has tirado tu sujetador al suelo
y un parque lleno de bomberos ha apagado mi alma,
entre vino, anís e imágenes del romanticismo inglés.
El dolor ha marchado y España parece unida
y el mundo no teme el frío entre rojos y azules;
el mar escucha y canta y las sirenas no hipnotizan,
aman y dejan amar... Aman y dejan amar.
Y el anciano contempla la vida como si fuera un chupito
y el joven le hace preguntas
y el cuadro llega al punto de fuga cuando se abrazan.

Tras la tormenta dicen que llega la calma
y tus labios dibujan una media luna en mi abdomen
y las noticias hablan de tu ciudad
como fiesta nacional y la pobreza solo existe en la RAE
por su historia y no por su presente.
Los pintores extinguen el negro y el rojo chillón de su paleta
y los poetas escriben con el verde esperanza
de Granada, claro, un himno hacia el corazón de África;
donde Mamadou vive y no sobrevive
escuchando una canción de principios de los dos mil
que hablaba sobre su pobreza, sobre su país de mierda.

Tras la tormenta dicen que llega la calma
y te quedas en tanga y el erotismo es libre

y Marta del Castillo
solo es una puta anécdota de que el mundo no era mundo
y era simplemente
una réplica del sueño que hablaba Platón,
en su puta cueva absurda
donde la democracia era un juego y las ideas
una simple imaginación
de un loco, que hoy, con orgullo sería y es feminista.

Tras la tormenta dicen que llega la calma:
estás desnuda, desnuda ante mí
como aquel niño que se desnuda ante el espejo
y se ve diferente;
dicen que va a volar por la pluma que tiene,
cuando no,
va a volar por la libertad con la que se mira al espejo,
escribiendo, con vapor,
«te quiero, te quiero, Marcos».
Y todo no acaba aquí, la tormenta acaba
y la calma
me sonríe cuando tú lo haces dibujando
un corazón en mi espalda
y te quitas el alma y me la confías
y este sueño
se acaba
con una nueva noticia
que no,
que no es poesía

y que habla de una muerte más,
de un mundo que no nos mira,
que nos aleja del futuro, que nos habla
con la boca llena,
con ascos, con fealdades, con desigualdades...

Ha muerto el poeta, ha nacido
la esperanza, la esperanza.

PARA SER UN POETA

Maquillada, como de costumbre,
me mirabas
con sonrisa pícara,
mientras pensabas:
no besa mal para ser poeta.

Acomodada, en tu cama sin hacer,
pensabas, desnuda:
es gracioso para ser de letras.

Ya lo ves,
un poeta te puede hacer un poema,
y muy feliz.

UN ALUMNO DE DIEZ

Hace dos años y dos meses
me gradué con matrícula en tus ojos.
Hace diez meses y ocho días
me licencié en tus piernas.
Cada día apruebo
—y con nota—
cuando me preguntas
por filosofía;
pues por ti todas las preguntas
tienen respuestas.

Ahora, con un once
en la selectividad de tus manos...

Háblame como si fuese
tu alumno favorito.

SECRETO

No se lo digas a nadie:
pero solo necesito verte,
de nuevo,
en pijama.

AMAPOLAS EN EL BAÑO DE DUCHAMP

Hoy he dado en ética la caverna de Platón,
no he dudado en besarte a oscuras,
mientras que otros sujetos buscan una realidad
en este sistema capitalista;
que miente más que habla, que miente más que habla.
No dudo en transformar el amor en arte,
el bigote de Dalí es solo el tobogán que me lleva a tu ciudad,
donde, con excusa previa,
intento entenderla sin conocerla, sin conocerla.

Este poeta que se repite
como una canción de verano de Estopa
es solo la persona
que te buscaba en cada noche de enero,
donde el frío brillaba más por magia
que por su fama de helado.
Soy solo el mírame
de un espejo con tu olor,
con tu aroma.

Soy solo la mente de Miguel Ángel
empeñado en hacer su David;
un loco sobrevalorado que te desea
y que te esculpe
y te vuelve a desear, sin pensar como escribe,
sin escribir como piensa.

Sin vivir para otra cosa.
Soy como el paquete de tabaco de Picasso,
una simple forma
que crea una doble dimensión...
Solo, para verte.
Hoy el amor es el arte:

por ello no me importa besarte en la caverna,
no importa que seas mi código postal,
solo quiéreme por lo que pueda ser en una pintura,
en un poema,
por mis ganas de follarte en el baño
que pensó Duchamp.
Si fuera capaz... te besaba como Baudelaire,
cuando hizo su primer poema.

Por ti posaría, bailaría,
haría el ridículo ocho veces a la semana,
escribiría poemas mucho más cursis que este.

Todo termina, antes de comenzar,
pues en otra vida, no sería poeta ni artista,
ni un intento de ello,
a lo mejor solo sería un chico perdido

buscándome,
buscándote.

EL PAYASO DE TU CIRCO

Que el payaso de tu circo sea yo.
Dani Martín

Nos han salido hasta enanos del circo que montamos,
es la cara y cruz de un amor sin cobertura en la caverna.
Crecen los enanos por los cuatro vientos
y no creemos
ver algo más allá de nuestro lamentable espectáculo.
Y la gente sonríe
y nosotros, ahí, en nuestra realidad,
solos y desnudos, engañados.
Claro que cómo no te ibas a morir de risa:
si yo era el payaso de tu circo.

EN EL EXILIO

En el amor y en la guerra lo vale todo,
la cuestión viene
cuando el amor te exilia de tu cuerpo.
Y el hielo se derrite,
el fuego hiela y las miradas
congelan.

Ahí, te miras en el espejo solo
y piensas
«no te tengo,
ahora estás
fuera, fuera de mí.

Ahora yo estoy en el exilio».
Ahora, estoy en guerra.

AMOR PLATÓNICO

El amor es para mí un temario de filosofía,
un temario curioso.
De repente Platón me enseña lo perfecto
de tus ojos,
mientras
Nietzsche me invita a tirarme por tu ventana.
Todo parece ir bien o mal
cuando, desnuda, me enseñas a Aristóteles
y la materia
que debe de tener tu cadera juguetona.
Pero, también de repente,
cruzas la línea y llegas al realismo sucio
de Schopenhauer.
Ahí, tu ventana se me hace corta
e intento
escapar por tu puerta de primeras.

Amor platónico, me contestas,
mientras que con hambre lames mis heridas.
Amor platónico, me dices,
mientras en una mano sostengo la hostia
que me acabas de dar
y en la otra sostengo el manual de primero de Filosofía.

Entonces llegan las doce de la noche
y abrimos el melón:

¿Qué es el amor en realidad?

A pelo y sin una cerveza
ni sabemos contestar, ni queremos tal vez.

Abro el manual,
me besas a lo Platón,
bueno, a lo Kant,
o no sé si era a lo Aristóteles,
la cuestión
es que me besas como la cama besa a los muelles

y ahí, con la boca junta,
te respondo:
Querida, esto es el amor.

NO ME GUSTA HACER PLANES

Pero hoy,
mis ganas acabarán
dentro
de tu cuerpo.

EL LUGAR DEL CRIMEN

Date por muerta
amor,
es un atraco.
Luis García Montero

He tocado el fondo de tu vaso,
me pierdo en el fondo de tus anillos
y tus dedos son el tobogán
que llena mi cuerpo de aventura.
He tocado el fondo de tu vaso,
me he empapado de alcohol en la carne viva
que me dejaron tus besos y ya no sé
lo que tienes de mía ni lo que tienes de melancolía.

Estoy completamente perdido en el bar
de una ciudad que no fue nunca la mía, que no conozco
y que me cuenta uno a uno los pocos derechos
que mi constitución no cuenta sobre ti, sobre tu piel.
Y bailan mis miedos en la tuna de la realidad
y tú, tú también bailas en la esquina de ese bar,
y los pisas
y los tratas de usted
y este poeta
está escribiendo
la segunda parte de *Soledades* de Machado.

Y lo peor de la sangría
es tenerte en la antología de mi tez
donde nadie,
ni siquiera Rosalía de Castro, escribió.

No sé tampoco a qué saben tus labios ahora,
parece que no los he probado,
tampoco he visto tu ropa, cuando te desnudaba.
No me conoces parece,
en ese bar que mide la distancia
que tu mente
pidió a mi aliento,
el mismo que te ansía; que era tuyo.

Y en los baños de aquel antro, te imagino,
maquillada, como el cielo en invierno,
en vestido, como el arcoíris viste el cielo,
en purpurina, como el sol y su reflejo.
Yo me miro,
soy una nube en el espejo,
una gota más de tu vaso,
un desecho más de una botella usada.
Considerado un yonqui de tus arrugas,
tapado en maquillaje.

Tengo la herida abierta;
bésala o mátala con alcohol,
pero hazlo ahora, hazlo ahora.

Date por muerta
amor,
es un atraco:

tu vida o la muerte.

AQUELLOS MINUTOS DE CORTESÍA

Mentimos.
A los hombres nos encantan
aquellos diez minutos
donde
os arregláis

para una noche cargada
de amor
[o lo que surja].

PUNTOS SUSPENSIVOS

Cuando al punto final de los finales,
no le siguen dos puntos suspensivos. Joaquín Sabina

A lo mejor no es lo correcto,
pero te concibo como un ida y vuelta
en la caverna.
Nos hemos dicho de todo estando enamorados,
nos hemos dado
hasta en los acentos de mis poemas,
pero así es el amor en la caverna:
un claro acierto en el desacierto de la realidad.

Y créeme que todo el mundo discute,
cuando cerca de la salida,
Platón te da los motivos para quedarte dentro de mí.

Y tenía razón el viejo
que me dijo que el amor era la hostia más bonita,
la que más
indiferente te dejaba.
Después de todo,
qué huevos tenemos
cuando dejamos puntos suspensivos
y no el final
que nos deje reventados,
dándonos todo
exactamente igual. Exactamente igual.

LABIOS DE VINAGRE

Hoy he soñado que todo es mentira.
Melendi

Estos labios que saben a despedida,
vinagre en las heridas,
a pañuelo de estación.
Joaquín Sabina

Parece que los labios de Dios están pensados
para los besos de Judas
y parece mentira que hace dos horas
nos estábamos haciendo hielo
en un cubata compartido por los dos.
Hace menos de una hora
éramos uno en los cuerpos de dos náufragos,
que perdidos
reían como dos turistas lo hacen
por las grandes calles de Roma,
donde José y María perdieron la vergüenza.

Parece que los labios de una reina están pensados
para un republicano en ciernes
y parece mentira que en este momento,
tus labios,
esos de plata y oro, esos de deleite y de querer,
sepan a vinagre.

A despedida. Y me tengo que joder,
pensando en unos nuevos besos,
en un futuro, que llegará cuando el tallo de esta flor
no marchite con el tiempo.

Y lo peor de este amor de resaca
es su olor a lágrima, a desvelo, a reloj.
Y el mundo,
el mundo navega y circula como si nada hubiese pasado.
Como si a nosotros
nos separasen solo las ganas de matarnos y amarnos.
Como si entre nosotros
solo radicaran los labios a sabor monótono,
con sabor a vinagre.

Hoy he soñado que todo es mentira;
he puesto patas arriba la cama

y he salido de la caverna, la de verdad,
para besarte
sin remordimiento, sin tirar la toalla,
sin mezclar nuestros sabores,
para enseñar a esos poetas imbéciles:

que Dios y Judas tampoco besan tan mal
y que tus besos,
de vinagre y sal,
son mejores en persona que en fotografías.

POR CADA VIDA

Cada paso de baile entre tú y la pena,
cada noche
con el llanto de despertador.
Cada tarde de domingo en los grandes portales,
cada plan de izquierdas
que aguantara un bolsillo decadente.
Cada regalo cutre, barato, inútil,
cada minuto que te di,
era la mejor manera para decirte
te quiero.
Porque te quiero con la fuerza
de un poeta
que escribe sus mejores pasos en un dormitorio.
Porque lo nuestro fue de dormitorio,
aún bendigo
el rastro de besos que dejábamos
por los grandes pasillos de fin de semana.

Cada mirada que te eché, con o sin certeza,
era la única forma de pedirte
que no te fueras.
Cada vez que te pedía dormir en tu lado del colchón,
en las que lloraba,
cuando el llanto brillaba más por emoción
que por condena,
solo quise decirte que te quería.

Que te quería,
aunque desayunaba día tras día
con el miedo.

Cada abrazo con sabor fresco,
cada caricia, que con poco era superada
por otra mayor,
cada poema,
era mi forma de agradecerte
por compartir tus momentos.
Por regalarme tu experiencia.

Ahora,
ahora que anochece
en este helado
verano,
solo te pido
que si huyes de esta caldera ardiente,
por calor, por cansancio:

abras mi carta. La del pasillo.
La que sigue sellada en el sobre que compré,
la que callada
te otorga todo lo que nunca te dije.

Te espero en el sitio más helado de Madrid,
en las calles
más cómodas de Venecia.

Y te invito,

pues cada paso que doy
tiene como fin
tu costado.
Cada canción, cada festivo
tiene tu letra.
Cada poema, cada poco olvido,
cada voz de sirena,
cada servilleta, arrugada o vestida,
tiene tu nombre.

Y te invito
a esta playa donde liberes la temperatura,
donde seas tú misma,
porque, corazón, corazón eterno;

cuando eres tú,
cuando pisas descalza
dejando huellas
de tacón,
la temperatura vuelve a nacer
en cada tecla de piano,
en cada cuerda del viento,
y me haces libre,
libre como el sol lo es en cada amanecer.

UN APRENDIZ DE POETA

No sé escribir una carta de amor,
no sé
amarte sin besarte.
No entiendo los pasos que das lejos de mí,
tampoco
la mirada que le echas al cielo cuando no estoy.
No sé el recorrido de tus lágrimas,
no sé amarte a medias.
No entiendo cuando sonríes en el llanto,
ni tampoco
cuando lloras en la sonrisa.

No sé aún escribir un poema de amor,
no sé
acariciarte sin el pensamiento.
No entiendo tu deseo,
como tampoco entiendo las tablas
que multiplican tus besos.
No sé besarte con los labios,
no sé
amarte sin signos.
No entiendo la letra de tus canciones,
ni tampoco
el sentido que tienen las ventanas de julio
sin ti.

[...]

Lo ves claro, como el agua de río,
como transparente
se ve el reflejo de tu cuerpo en la orilla
de cada playa:

soy un aprendiz de poeta.

Me das masticada la copla,
y a gatas
te escribo mis mejores versos en una servilleta.
En una servilleta de bar,
con tantas interrupciones
como tipos de cervezas hay en nuestro país.

No sé amar todavía,
no sé
negociar como un viejo
lo que por diablo
me estafan.
No entiendo aún
las reglas de tu cuerpo,
ni tampoco
las de la métrica.

Un aprendiz de poeta,
sin más,
que busca pisarte mientras recitas,
cantando, un poema
escrito por él. Un poema
que narre su historia.

YO, YO ESTOY BIEN

Cuando la luz cansada de tu dormitorio reivindica
el derecho de morir apagada.
Cuando la subida de tensión frene tu sonrisa
en esos prohibidos momentos donde piensas en mí,

que sepas
que sepas que estoy bien.

Estoy pensativo,
como un loro cotorro que se confiesa antes de morir,
como un perro
que muerde antes que ladra.
Estoy arrinconado en el derecho de permanecer en silencio,
hasta que el demonio con toga
equilibre la balanza de la justicia amena.

Yo, yo estoy bien,
como un pez que nada en el interior de un cubito de hielo.
Como la tierra
cuando la riega un trabajador a sueldo.
Como un niño
cuando comprende al fin las tablas de multiplicar.

Entre la soledad y la cama en la que duermo
existe solo el paso sencillo de mis sueños inevitables,

esos que envían
mis defectos a tu nuevo correo electrónico.
Esos que envían cartas
al buzón de la llave perdida.

CALCETINES

A veces
el amor es predecible,
son prendas de vestir tiradas
en un oscuro dormitorio.

Allí, en la máxima oscuridad,
estoy yo, desgastado,
en ese calcetín blanco
que busca su pareja;
la que le dejó huella,
la que pintó de negro tizón
su blanco
sereno.

Por desgracia,
el mundo solo está hecho para pares.

MUNDO METAFÍSICO

La apariencia no es la verdad.
Aristóteles

Tengo que hablar contigo, amor.
La colonia que riega mi ser
está siendo invadida por tu ausencia.
La ropa que nunca quise compartir
te pide a gritos.
Mi mirada busca la tuya.
Imagina un reencuentro lleno
de filosofía y derecho.
Imagina un mundo
metafísico, donde te pueda decir te quiero,
donde mis labios
callen tus tímidas dudas.

Tengo que hablar contigo, amor.
El mundo que no existe
está reprimiendo las ganas del real.
Me veo colapsando
tus ideas en mi sucio folio deshabitado,
escribiendo tu teléfono
sin respuesta, más que en un vasto contestador.
La imaginación me invade,
me encanta,

me sonríe,
me pone.
El mundo metafísico
está hecho a la medida de tu cuerpo
y me encanta.
No existe,

pero ¿desde cuándo
el mundo no echa de menos algo que no existe?

Si nos hicimos felices,
si la inocencia y el furor pudieron con todo.
Ay, amor. Tengo que hablar contigo.

Últimamente vivo más en tu casa que en la mía.
Últimamente este mundo
es simplemente la primera cerveza
del invitado.

[VI]

ENTRANDO Y SALIENDO DE LA CAVERNA

La poesía tiene el poder
de resfriarte;
cuando sale y entra
de la idealización.

NIÑEZ

Estos días azules y este sol de la infancia.
Antonio Machado

Estos días azules y este sol de la infancia
acarician mi tenue rostro,
el cual imagina los momentos felices.
Estos días pagan la libertad al tiempo;
solo quedan lagunas donde había mares
y vacío donde había columpios.
Solo quedan fotografías, dos recuerdos contados
y un interminable anhelo por volver.

Por volver,
a los gestos sin malicia ni pensamiento,
a la cara risueña
y a los juegos en la calle,
donde la poesía empieza sin versos.
Anhelo por volver
a esas escenas de sueños por cumplir,
de los días dorados
y de princesas que nunca necesitaron un príncipe.

Estos días azules y este sol de la infancia
se atreven a mirarme a los ojos
para enseñarme que todo tendrá un fin.

Pero en su fondo, en su fondo coloreado,
anida en la copa de un árbol
un nuevo nido, una esperanza nueva,
que acabará con la fugacidad de la infancia
y nos devolverá su color y recuerdo.

VIERNES SANTO

Para ti, abuela

Supongo que mis letras son mortales,
que caerán
como en la lluvia de estrellas caen los sueños a pentágonos.
Que morirán,
que acabarán como tú dijiste que acababa todo.
Con tu sonrisa molesta, con tus lágrimas en camino
hacia la inocencia,
me pusiste el dulce de la vida en la boca del niño risueño
y escribiste en mi corazón a cincel abierto:

la vida es así.

Tú, que tienes ojos azules, ojos de gloria,
me miras como
la niñez mira a un plato de inocencia.
Me miras como si tu pelo recién cortado
me abriera las manos
y me arrastrara a los veranos cotidianos,
donde tu sonrisa agónica,
¡ay, tu sonrisa!,
se volviera postre en un domingo de lujo.
Supongo que mis letras son la nostalgia de momentos
que nunca volverán
o el miedo por anhelarte, por pedirte en tu sillón

o exigirle al tiempo segundos
que nunca devolverá
de la papelera del rincón.

No entenderás este poema,
pues fue el poder de tu mano quien escribió
mis sentimientos más verdaderos.
No entenderás cuando te miro callado
o cuando acaricio tu mano en una despedida anunciada.
Lo hago para tenerte en piel y recuerdo
y para pedirle a mis miedos más sinceros,
a la realidad más cruel, que te quedes.

Que no marches con el tiempo.
Que no hables de que no me verás trabajando
o de que te deba matrículas desde el cielo.
No hables de una vida sin ti, abuela,
pues tú misma sabes que el recuerdo sana la herida.

Tú, que tienes ojos azules, ojos de gloria,
tú, que tiendes a estirar sentada los pies,
tú, que eres fiel recuerdo de una generación de amor,
me guardas, lo noto,
en un rincón de tu pecho donde no anida
ni la más emotiva despedida.
Ni el olvido.

Por ello, supongo claro que en navidades te despides
o en un día cualquiera
hablas de vivencias en pasado.
De felicidad en pretérito perfecto.

Mi inocencia no es un niño que acaba
de aprender a multiplicar,
ni ese chico que mete su primer gol en el colegio
o aprueba el examen.
Mi inocencia sabe que te perderá en persona.
Mi tacto, mi gusto,
piensan en el vacío que tu lugar dejará sellado en recuerdo.

Te perderé,
pero tus manías, tus dichos, tus refranes,
tus tonterías sin importancia,
tus enfados, tus llamadas,
tus carcajadas en navidades,
tu día a día.
Este Viernes Santo.
Este día.
Esta noche donde escribo esto,
pesa más
que cualquier realidad que la vida
o la muerte piensen.

EL LAGARTO ESTÁ LLORANDO

El lagarto está llorando.
La lagarta está llorando.
Federico García Lorca

El lagarto está llorando.
La lagarta está llorando.
Yo estoy llorando, mirando las flores muertas,
mirando nuestros recuerdos bañados en oro acabado.
En un cobre desértico
que poco a poco deja de oxigenar nuestra memoria.
Hemos acabado llorando como Lorca,
en silencio,
hablando de poetas crueles que nunca viste antes de morir.
Hemos acabado como naciste,
en una dictadura con nosotros mismos,
con nuestra propia mente y nuestras conciencias.
Así,
matándonos por poder,
sin cariño,
con rencor, denuncias.
Y pagando el doble por una barra de pan.

Así, así está el mundo desde que te fuiste.

Así, nos tienen en casa, como a Neruda,
callados, porque así gustamos más.

Porque así nos dominan,
nos hacen creer en milagros sin sentido
ni culpa.
En mitos que te contaban;
y no,
hace años que no existen las monedas de tres caras
y la fuente con deseos.

Hoy, estamos peor que cuando te fuiste, pues
el lagarto está llorando,
la lagarta está llorando,
y nosotros también.
Hoy, pesa más la pluma que la verdad,
mientras que contigo
no había dudas de si estábamos vivos
o mandados.

Mientras quc contigo
no existía más que el niño que soñaba
con un caballo de cartón.

Ahora, abro los ojos,
y sin caballo ni lagarto,
te pido que
no te vayas todavía.
Quédate.

Sin observar nada, solo mirándome,
como miro tu foto
cuando el mundo me quiere comer
y no puede.
En ese momento,
donde abuelo y nieto
desafían al mundo.

NO VOLVERÍA

Te los ofrezco hoy, acabando este año
que para mí ya está entre los que fueron
los más felices de mi vida.
Joan Margarit

A pesar del dolor entre juguetes y juegos de niño,
la ausencia
y el desmedrado olor a angustia de 2010,
no cambiaría nada.
A pesar del vacío entre habitaciones separadas,
entre huecos en lavabos,
entre el deshabitado despertar,
no cambiaría nada.

No volvería atrás si no es para despedirme
con un abrazo de los diarios,
de los de supermercado o los de la hora de comer.
No volvería,
no echaría atrás el tiempo como un castillo de cartas usadas,
no me gustaría salvarte como abuelo,
pudiendo tenerte como sino, como alarma sin reloj,
como estrella sin cielo.
Como eternidad sin teoría.

No te quiero contar mis nuevas historias,
mis nuevas soluciones,

mis nuevos días;
quiero que los vivas,
pues la vivencia aconseja a ello.
No quiero ponerte al día,
ni volver para decirte quién soy de verdad,
tú nunca definiste mi desmadre
como mi comportamiento real.

Volver sería un error.
Nuestros días empezaban a las dos de la tarde,
y aunque hayan terminado,
la hora siempre vuelve al lugar del crimen.
Nuestros días han terminado,
cumplieron siete años y dos meses.

Ahora,
que casi triplico el tiempo de ausencia
que de entereza,
veo que mereció la pena esperar, no tenerte como tal,
hacerlo
dentro de mí.

Pues, a pesar de todo,
a pesar de que no llegaron a los ocho años juntos,
a pesar de habernos separado por la muerte,
te miro, es decir, miro a la nada,
para decirte que fueron los días más felices de mi vida.

NIÑEZ II

Para ti, papá

Donde la memoria no alcanza su visión,
incauto me encuentro
entre los recuerdos
que adormecen mi día a día.
Alcanzo así
el éxito irremediable del columpio joven,
los abrazos sin responsabilidades
y los momentos donde fui feliz.

Donde la eternidad no acoge sentidos
y vive más bien de la mano
de [miradas vírgenes y familiares],
bailan mis momentos,
como mi futuro, quien tiene una partida
de ajedrez contra mi pasado.

Mientras tantos y tantos acogen el miedo
como verso libre,
mi memoria encrucijada y mi deseo
acaban con lágrimas de felicidad,
por mi infancia, por su existencia y su pronunciado
y anunciado adiós.

FIN DE LA FUNCIÓN

Se acaba la función.
Todo se acaba.
Dani Martín

Que la vida iba en serio uno lo empieza a comprender más tarde.
Jaime Gil de Biedma

Se acaba la función,
el telón acaba rompiendo en la tarima
de este libro
y Platón y el poeta inválido
mueren entre
el recuerdo de poemas escritos,
donde nunca teje el olvido.
Donde nunca habita el miedo.
Parece ser que la vida no hablaba por hablar,
que acabaremos como náufragos,
que acabaremos huérfanos;

como yo,
huérfano de ideas después
de un verano en su diario.
Todo acaba y la memoria
la recuperamos
cuando la nueva pandemia nos resfría
al salir y entrar de la caverna.

Qué pena que esa nueva pandemia
se llame humanidad.

La vida va en serio
y este mundo no va a durar
muchos más siglos.
Le diagnostican dos

y la función se acabará;
como todo se acaba,
como la luna agoniza,
como cuando Granada cruza la frontera por lírica
y Nueva York se viste de Andalucía
y romancero
en un día nublado.

Como un mundo sin poesía.
Como se escuchan caer las hojas desde La Mancha,
cuando Baudelaire
llega a París y el mar se convierte en vino agrio,
corazones separados,
y un nuevo capítulo se enciende en la realidad.

Mueren los recuerdos,
al tiempo donde la voz se debe a sí misma
un brindis por la libertad.
Que no llega.

Parece que los poemas de la contemporaneidad
nos malacostumbran
y que la ciudad bebe de su agonía
canciones populares.
El mundo es libre, pero no es nuestro,
es intermitentemente suyo. De nadie.

El mundo no es de nadie. Fin de la función.

EPÍLOGO

JULIO IGLESIAS PARA TUS PIES

Eras niña de largos silencios y ya me querías bien.
Tu mirada buscaba la mía, jugabas a ser mujer.
Pocos años ganados al tiempo,
vestidos con otra piel.
Y mi vida que nada esperaba también te quería bien.
Julio Iglesias

Para ti, abuela

En aquella habitación deshecha en canciones,
tú, ahí, paralizada de boca y habla,
decides ponerte a bailar la canción que tanto escuchaste;
cuando fregabas tu casa,
cuando hacías la comida para tus seis hijos.
Suena *Bamboleo*,
estás totalmente apagada,
y de repente
mueves al ritmo del estribillo la pierna
y nos explicas a todos
que en el camino de la militancia
es donde toman importancia
las letras abstractas, el arte moderno y tu alma.

Eres la primera en hablar, en creer...
En tener claro
que aquella habitación de hospital no es nada,

tan solo aquella excusa para volver
donde fregabas tu casa,
donde hacías la comida para tus seis hijos...

Suena *Hey!* y tu mano acude a tu pecho,
imitando aquellas tardes,
donde, solo tal vez, quisiste imitar a aquel cantante.
Pero, ya ves, eras niña de largos silencios
y ya me querías bien, eras niña de largos silencios
y ahora, con ochenta y dos años,
tienes a Julio Iglesias para tus pies.

AGRADECIMIENTOS

Entrar y salir de la caverna da para mucho;
quisiera agradecer a mis padres su apoyo,
a mis compañeros poetas y no poetas por definirme,
y cómo no,
a las personas que me acompañan en cada viaje,
en cada salida y entrada de la caverna,
como lo son mi hermana y sus locuras
y Ester y su paciencia al escucharme recitar
y sacar mis mejores letras,
o a mi propia facultad por formarme
como humanista, pero sobre todo como persona.

Este libro, lector, amigo,
es tan tuyo como mío.

Libro terminado el 31 de agosto de 2023
un día donde el amor por ti, abuelo,
brilla más que nunca.

Un día que va por ti.

Un libro que va por ti.

ÍNDICE

[II] DE CUBATAS CON LOS DIOSES

[III] UN VERANO EN TU DIARIO

[IV] OTRA SENTIMENTALIDAD

[V] AMOR DE CAVERNA

Este libro se terminó de editar en Granada
en septiembre de 2024 por

www.aliarediciones.es
info@aliarediciones.es